COLLECTION

DE

De Madrid

IMPRIMERIES RÉUNIES, A, RUE MIGNON, 2, PARIS. — 756.

CATALOGUE

DE LA

COLLECTION DE M. BENITO GARRIGA

De Madrid

TABLEAUX ANCIENS

ET

TABLEAUX DES ÉCOLES PRIMITIVES

DONT LA VENTE AURA LIEU

HOTEL DROUOT, SALLE Nº 8

Le Lundi 24 Mars 1890

À TROIS HEURES

EXPOSITION PARTICULIÈRE	EXPOSITION PUBLIQUE
Le Samedi 22 Mars 1890	Le Dimanche 23 Mars 1890

DE UNE HEURE ET DEMIE À CINQ HEURES ET DEMIE

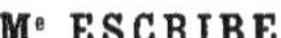

Me ESCRIBE

COMMISSAIRE-PRISEUR

6, rue de Hanovre

MM. HARO FRÈRES	M. A. BLOCHE
PEINTRES-EXPERTS	EXPERT
14, rue Visconti, et 20, rue Bonaparte	25, rue de Châteaudun

1890

CE CATALOGUE SE DISTRIBUE

A PARIS, CHEZ

Me ESCRIBE
COMMISSAIRE-PRISEUR
6, rue de Hanovre

MM. HARO Frères PEINTRES-EXPERTS 14, rue Visconti, et 20, rue Bonaparte	M. A. BLOCHE EXPERT 25, rue de Châteaudun

Conditions de la vente.

Elle sera faite au comptant.

Les acquéreurs payeront *cinq pour cent* en plus du prix d'adjudication.

M. Benito Garriga, amateur très apprécié à Madrid, a passé de longues années à rechercher et acquérir des œuvres des peintres primitifs. Nous présentons au public cette intéressante collection, qui renferme de curieux spécimens pouvant apporter quelque lumière sur les phases diverses traversées par les artistes et par l'art à cette époque où tout est incertitude et obscurité.

Les peintres espagnols primitifs se rapprochent naturellement des maîtres flamands et allemands : c'est d'eux qu'ils ont pris leurs principes et reçu les premiers enseignements. La présence même de ces artistes en Espagne à cette époque eut une grande influence sur l'École espagnole.

Cependant, une autre façon matérielle de peindre, l'emploi de procédés différents, la manière de comprendre et d'interpréter les mêmes sujets avec le génie particulier de chaque peuple, établissent une ligne de démarcation bien définie entre ces diverses Écoles.

L'étude des détails affirme davantage leur séparation. Remarquons, en effet, que, dans les tableaux que nous avons sous les yeux, aucun des saints personnages, même le Christ et sa Mère, ne porte de nimbes, lorsque Van Eyck et après lui tous les peintres flamands et allemands multiplient les rayons glorieux.

Sauf la Vierge et l'Enfant Jésus, presque tous les personnages sont des portraits qui ont les caractères de figures vécues; les Saint Joseph, les Sainte Catherine, les Sainte Barbe sont des personnes de cette époque, costumées suivant les saintes effigies qu'elles représentent.

Nous observons encore une particularité bien caractérisée dans le choix de la poire que présentent les saints personnages au lieu de la pomme symbolique. De même, sainte Barbe, représentée plusieurs fois dans ces tableaux, tient à la main, au lieu de la palme traditionnelle et distinctive des martyrs, une longue plume, blanche ou de couleur.

Il y a là un vaste sujet d'étude, une classification

à faire. Les documents rares, peu certains, recueillis jusqu'ici qui n'ont pas permis de cataloguer d'une façon définitive l'École primitive dans les Flandres et en Allemagne, font encore plus défaut pour classer les peintres primitifs de la péninsule hibérique. Peu à peu ce classement se fera, si chaque spécimen sérieux, même d'un art secondaire, devient un sujet d'études documentaires qui, réunies un jour, permettront d'écrire par les œuvres elles-mêmes l'histoire des différentes évolutions de l'art en Espagne.

ALLEGRI (Antonio) *dit* IL CORREGIO
(D'après)

1 — La Madeleine.

La Madeleine est en prière, près du tombeau du Christ.

Cette ancienne copie, fragment du grand tableau du Corrège qui est à Parme, nous paraît avoir été faite par un peintre flamand en Italie.

Provient de la collection du chanoine Borreguerro.

T. — H., 1,10. L., 0,86.

CRANACH (Lucas Sunder)

2 — Adoration du Christ enfant par saint Jean-Baptiste.

Saint Jean est agenouillé devant Jésus, qui le bénit, tenant de la main gauche la croix; auprès d'eux l'Agneau pascal, image symbolique.

Signé à gauche, du dragon ailé, marque de l'artiste, et daté 1534.

B. — H., 0,35. L., 0,24.

GOYA Y LUCIENTES

3 — **Portrait de Don Ramon Satue, alcade de la Cour et ami intime de Goya.**

Signé à gauche avec une dédicace, et daté 1823.

T. — H., 1,06. L., 0,85.

GOYA Y LUCIENTES

4 — **Portrait de la maîtresse de Goya.**

Elle est représentée debout, coiffée d'une écharpe de dentelle, et tenant un éventail de la main gauche.

Ancienne collection du marquis de Heridia.

Ce tableau est décrit dans l'ouvrage du comte de la Vinaza, qui mentionne les peintures de Goya.

T. — H., 1,08. L. 0,75.

HONTHORST (GÉRARD) *dit* GÉRARD DE LA NUIT

5 — **Le Reniement de saint Pierre.**

T. — H., 1,24. L., 1,62.

MEULEN (Van der) (Attribué à)

6 — Portrait du roi Louis XIV.

Portrait du roi, vu à mi-corps, costume bleu avec broderies, décoré de l'ordre du Saint-Esprit, la main droite appuyée sur un bâton fleurdelisé.

T. — H., 1,27. L., 0,95.

MORALÈS (el Divino) (Attribué à)

7 — La Vierge et l'Enfant Jésus.

Il existe au musée du Prado, à Madrid, une composition semblable de dimensions différentes.

Provient de la galerie du père de don François d'Assise.

B. — H., 0,38. L., 0,38.

MOSTAERT

8 — Portrait de femme.

Elle est représentée tournée vers la gauche, vêtue d'une robe noire découvrant les épaules, avec manches de fourrure et de velours grenat; sur la tête un voile transparent. Elle tient dans ses mains un missel enluminé qu'elle lit; près d'elle, sur une table, est posé un vase d'or richement ciselé.

Beau spécimen de Mostaert, peintre de Marguerite d'Autriche, qui, protégé par elle, eut un grand succès à sa cour.

B. — H., 0,69. L., 0,45.

MURILLO (Attribué à)

9 — L'Adoration des Bergers.

T. — H., 1,70. L., 2,00.

RUBENS (École de)

10 — Chasse au sanglier.

T. — H., 1,96. L., 2,80.

11 — Chasse au lion.

Pendant du précédent.

Ces deux tableaux décoratifs ont été attribués à Simon de Vos, élève de Rubens, qui peignait souvent des animaux dans les tableaux de son maître.

T. — H., 1,96. L., 2,80.

RUBENS (École de)

12 — Vertumne et Pomone.

T. — H., 0,80. L., 1,18.

RUBENS (D'après)

13 — L'Adoration des Mages.

Esquisse d'après le tableau du musée d'Anvers.
Provient de la galerie du père de don François d'Assise.

T. — H., 0,60. L., 0,46.

14 — L'Adoration des Mages.

T. — H., 0,38. L., 0,30.

ÉCOLE DE PARME.

15 — Christ en croix.

B. — H., 0,36. L., 0,24.

ÉCOLES PRIMITIVES

Nous avons groupé les tableaux des Écoles primitives, et nous donnons, à la suite de leur description, les appréciations et les documents que nous avons pu recueillir.

16 — La Vierge et l'Enfant Jésus adorés par des donateurs.

La Vierge est assise devant un portique de pierre orné de colonnettes en marbre à chapiteaux richement sculptés et dorés, surmontées de figures d'anges avec guirlandes de fruits; elle se détache sur une riche étoffe lamée d'or. La mère du Sauveur est vêtue d'une tunique bleue et drapée d'un manteau rouge, les cheveux flottants sur les épaules, la tête ornée d'une couronne enrichie de pierres précieuses. Elle tient sur ses genoux l'Enfant Jésus, qui tourne les feuillets d'un livre que sa mère lui présente. A droite et à gauche de la Vierge se tiennent debout deux séraphins aux ailes multicolores, vêtus d'étoffes aux tons changeants, et jouant, l'un de la guitare, l'autre d'une harpe. A terre est un riche tapis oriental aux couleurs vives et tranchées.

Sur le volet de gauche, le donateur, dans son vêtement rouge recouvert d'un manteau de fourrure, un genou en terre, tient son missel entre les mains; près de lui, à genoux sur un pan de son manteau, est son fils, portant un vêtement à bordure violette et les mains jointes. Derrière eux se tient debout saint Jean-Baptiste, la main gauche appuyée sur l'épaule du père, indiquant de l'autre la Vierge.

Sur le volet de droite, on voit la donatrice pieusement agenouillée, les mains jointes. Elle est vêtue d'une robe noire avec bordure et doublure blanches; sur la tête, une coiffure du temps avec voile transparent. Debout derrière elle et drapé dans un manteau rouge, saint Jean, tenant d'une main un calice, semble la présenter à la Vierge.

Un paysage verdoyant, borné par des collines au loin, passe d'une façon continue derrière les personnages, réunissant les trois volets. On aperçoit à droite un château et au fond d'une vallée le haut des maisons d'une ville.

Sur les deux panneaux, nous mentionnerons deux écussons.

Le triptyque refermé présente sur ses volets extérieurs deux figures, Adam et Ève.

Dimension du panneau central : B. — H., 0,97. L., 0,70.
Dimension des volets : B. — H., 0,97. L., 0,31.

Dans cette peinture, qui nous semble d'une date postérieure à Memlinc, on constate l'influence directe de ce grand peintre dans l'arrangement des figures, dans le choix des accessoires et la disposition générale du tableau. Plusieurs têtes sont des portraits, donnant l'impression d'une ressemblance absolue, notamment celle du donateur, et sont peintes avec une précision de détail, une sûreté de touche et une recherche du caractère qui égalent les meilleures œuvres de cet artiste.

Nous devons faire remarquer le paysage, qui possède des qualités de plein air et de vérité extraordinaires pour l'époque. La façon précise dont les différents plans s'établissent, la coloration hardie des verdures et la recherche picturale des feuilles, des arbres et des lointains, classent ce tableau comme un curieux spécimen de transition, où les fonds ne sont plus établis suivant des formules adoptées, mais deviennent une imitation vraie de la nature.

Les deux figures sur l'extérieur des volets rappellent, peintes d'une façon plus douce et avec plus de morbidesse, Adam et Ève de Van Eyck, du fameux retable de l'*Adoration de l'Agneau mystique* qui est au musée de Bruxelles.

Ce curieux tableau, d'une grande valeur artistique et historique, a donné lieu à de nombreuses recherches et controverses. Nous reproduisons ci-dessous un travail qui en avait été fait par M. Alf. Michiels :

HANS MEMLINC

Fils aîné du célèbre Memlinc.

« Triptyque dont les volets sont peints à l'intérieur et au dehors.

« Le panneau central figure la Vierge assise sur un trône, sous une arcade en plein cintre et tenant sur ses genoux l'Enfant divin, qui plie les feuillets d'un livre ; elle a la tête nue et de longs cheveux ondulés. A sa droite, un ange joue de la guitare ; un autre ange, à sa gauche, fait vibrer les cordes d'une harpe. Dans le fond, par les arcades du monument, on aperçoit un paysage clair et bleuâtre.

« Sur le volet gauche, on voit le donateur avec son patron, saint Jean-Baptiste, et son fils unique ; sur le volet droit, la donatrice avec son patron, saint Jean l'Évangéliste.

« L'attribution de ce retable au fils aîné de Memlinc étonnera tous les amateurs et critiques instruits. On savait, par un acte authentique de succession, par les registres des taxes municipales, à Bruges, et de certaines redevances, que Memlinc avait eu deux fils, Jean et Nicolas ; mais on ignorait s'ils avaient tenu le pinceau. J'ai partagé cette ignorance jusqu'au moment où une photographie et une gravure m'ont fourni la preuve qu'ils ont suivi la carrière paternelle. La photographie est la reproduction d'un tableau qu'on voit à Londres, dans la collection de Bridge-water-House. Elle montre un jeune noble, coiffé d'un chapeau en forme de béret, et porte en flamand l'inscription suivante : *Hans Memlinc, fils de Memlinc, a peint cette image.* 1523. En latin, la traduction serait plus littérale : HANS MEMLINC, MEMLINCI FILIUS, PINXIT. 1523.

« Le triptyque que nous avons sous les yeux rappelle le style et toutes les habitudes du chef de la famille. On y retrouve la Vierge assise sur un trône, avec un grand lé d'étoffe pendu derrière elle, les longs cheveux ondulés que lui donnaient les vieux peintres, les anges jouant de la guitare et de la harpe pour égayer le petit Jésus, qui froisse les feuillets d'un manuscrit, les anges placés sur des colonnes et au sommet d'une arcade, où ils tendent avec effort une guirlande de feuillages et de fruits, même le tapis du Daghestan déployé sous les pieds de Marie. Un détail de costume prouve que le triptyque a été exécuté vers 1520.

« Le paysage, clair et lumineux, révèle une tentative importante, faite dès cette époque, pour rendre les effets de plein air, qui substituera une manière rigoureusement vraie à toutes les anciennes méthodes. »

17 — Le Christ et sa Mère ; la Vierge et l'Enfant. Diptyque.

Premier panneau :

Le Christ, la main levée, semble bénir le monde, et la Vierge, les mains jointes, regarde son divin Fils.

Deuxième panneau :

La Vierge tient l'Enfant Jésus sur son bras et lui présente une poire. Derrière, deux séraphins jouant des instruments de musique.

B. Forme cintrée du haut. — H., 0,11. L., 0,85.

Les tons gris violacé que l'on aperçoit sous les vieux vernis, la préciosité de l'exécution, nous donnent à penser que ces deux petits tableaux pourraient être de Gossaert, qui a été dans ses commencements un imitateur de Memlinc.

18 — Scènes de la Passion :

1° Le Jardin des Oliviers.

Au premier plan, les disciples endormis; auprès, le Christ agenouillé devant un ciboire surmonté d'une hostie; au fond, Judas et les soldats.

2° La Sainte Face.

Le Christ, tombé à terre sous le poids de sa croix, est frappé par un soldat; agenouillée devant lui, sainte Véronique tient le linge sur lequel s'est imprimée la Sainte Face; à droite, Simon soutient la croix. Dans le fond, le cortège, les deux larrons, la Vierge et les saintes femmes, les prêtres, les Juifs, etc.

3° Crucifiement.

Le Christ est étendu sur la croix; à droite, la Vierge; à gauche, saint Jean, et, au pied de la croix, la Madeleine, agenouillée, baise les pieds du Sauveur.

4° La Déposition.

Le Christ, descendu de sa croix, est appuyé sur la Vierge assise, qui lui a retiré sa couronne d'épines. Saint Jean lui soutient la main; derrière, la Madeleine lève les bras au ciel; auprès, les saintes femmes agenouillées. Au fond, on aperçoit le tombeau avec Joseph d'Arimathie et les disciples.

Ces quatre scènes de la Passion, peintes sur le même panneau, sont séparées entre elles par des motifs d'architecture gothique peints en ton d'or, représentant des niches avec deux figures d'évangélistes.

B. — H., 0,29. L., 0,29.

Ce tableau a eu des attributions bien diverses; nous les mentionnons, sans que nous puissions, faute de certitude, nous arrêter à aucune d'elles. Les uns l'attribuaient à Simon Marmion, d'autres à une époque postérieure à Albert Durer ou à son école. Les types et l'architecture semblent en effet le rattacher à l'École allemande.

A fait partie de la galerie de Don Ramon Gil de la Cuadra, ministre de Fomento et directeur du musée de Madrid.

19 — Le Christ au jardin des Oliviers.

Le Christ est agenouillé au jardin des Oliviers. Dans les airs un ange apporte le calice. — Au second plan, les apôtres endormis ; dans le fond, les soldats guidés par Judas.

B. — H., 0,40. L., 0,30.

Ce tableau a été attribué à Henri Met de Blès *dit* Civitta. Provient de la galerie du père de don François d'Assise.

20 — La Vierge et l'Enfant Jésus. Triptyque.

Fermé, ce curieux triptyque a ses deux volets peints de chaque côté en grisaille, représentant, l'un saint Jacques et l'autre saint Antoine de Padoue.

Ouvert, le panneau principal représente la Vierge assise sur un trône, et soutenant dans ses bras l'Enfant Jésus. — Au fond, divers personnages, des églises et des monuments.

Sur le volet de gauche est un saint costumé comme un roi de France, avec manteau fleurdelisé, et portant au cou le collier de Saint-Michel; il tient un sceptre de la main droite. Fond de paysage.

Sur le volet de droite, on voit un saint Jacques coiffé d'une mitre précieuse; il tient un livre ouvert de la main gauche, et il s'appuie de la main droite sur une crosse richement sculptée et dorée.

Ce triptyque, d'une exécution précieuse, a été attribué à Cornélis Van Conixloo, peintre et orfèvre.

Panneau principal : B. — H., 0,26. L., 0,18.
Volets : L., 0,07.

21 — Le Christ portant sa croix.

Jésus, portant la croix sur les épaules, est tombé sur les genoux; un soldat, vêtu d'une armure richement ornée, le frappe brutalement; à gauche, Simon le Cyrénéen vient en aide au Christ et s'efforce de relever la croix. Auprès du soldat on voit le bras d'un bourreau traînant le Christ par une corde. Au fond, la ville de Jérusalem avec châteaux forts.

Ce tableau a dû faire partie d'une suite des quatorze stations du Chemin de croix.

Forme cintrée du haut.

Belle conservation.

Ce tableau, qui avait été attribué à Lambert Lombard, *dit* Susterman, nous paraît être de Rincon, peintre espagnol.

B. — H., 0,32. L., 0,26.

22 — La Vierge et l'Enfant Jésus.

La Vierge, tenant l'Enfant Jésus à demi enveloppé, est debout, vue à mi-corps dans un paysage agreste. Elle est vêtue d'un riche manteau rouge à bordure d'or et manches de fourrure. Ses cheveux couvrent ses épaules, et sur la tête elle porte une couronne de perles.

Nous pensons que ce petit tableau, peint dans le style et le caractère de Van Eyck, doit être attribué à Gallegos, qui fut un des plus habiles imitateurs des primitifs flamands.

Forme cintrée du haut.

B. — H., 0,24. L., 0,19.

23 — La Vierge et l'Enfant Jésus.

La Vierge tient sur ses genoux l'Enfant Jésus qui s'est retourné et semble bénir; elle est vêtue d'une robe bleue, recouverte d'un manteau rouge, les cheveux épars sur les épaules.

Au premier plan, assises à terre, deux saintes : l'une, tenant un vase de parfums, un livre placé sur les genoux; l'autre, tenant un livre d'une main et, de l'autre, un agneau.

Derrière la Vierge, trois séraphins jouant des instruments de musique, et une figure d'homme (peut-être le portrait de l'artiste).

Sur le volet de droite, sainte Barbe debout, tenant d'une main un livre et, de l'autre, une longue plume : derrière elle une tour en construction.

Sur le volet de gauche, sainte Catherine, tenant également un livre dans lequel elle lit, et une épée; près d'elle est une roue, et dans le fond on aperçoit le miracle de son supplice.

Dimensions du panneau du milieu : B. — H., 1,05. L., 0,70.
Volets : L., 0,31.

24 — Sainte Famille, sainte Catherine et sainte Barbe.

La Vierge est assise sur un trône richement orné, vêtue de bleu, avec un manteau rouge, les cheveux sur les épaules, un linge formant coiffure sur la tête; elle tient sur ses genoux l'Enfant Jésus enveloppé d'une chemisette transparente; la mère du Sauveur présente une poire à sainte Catherine qui est debout, appuyée contre le trône. A droite, saint Joseph, tenant un livre; au premier plan, assise sur la marche du trône, sainte Barbe tenant un missel dont elle montre une miniature.

Les nimbes d'or ont été ajoutés postérieurement.

B. — H., 0,66. L., 0,52.

25 — La Présentation à la Vierge.

La Vierge est assise dans un paysage, tenant l'Enfant Jésus qu'elle serre dans ses bras et qu'elle embrasse; près d'elle, saint Joseph semble lui présenter une jeune femme vêtue d'un riche costume avec les emblèmes de sainte Catherine, qui est agenouillée devant eux et tient une poire à la main.

Sur la bordure de sa robe on lit une inscription : *Es mio amigo.*

A droite, sainte Barbe, assise, lit un missel, elle tient une longue plume à la main.

Dans le ciel on voit deux anges supportant une couronne sur la tête de la Vierge.

Nous pensons cependant que, par leur facture spéciale plus empâtée, spaltée par endroits et moins transparente, par le choix des accessoires, comme la poire remplaçant la pomme symbolique, la plume au lieu de la palme caractéristique des martyrs, ces trois peintures pourraient être rattachées à l'École espagnole primitive.

Provient de la galerie de l'infant don François d'Assise.

B. — H., 0,61. L., 0,50.

26 — L'Adoration de l'Enfant Jésus.

Auprès de la crèche où sont les animaux, l'âne et le bœuf, la Vierge et saint Joseph sont agenouillés en adoration devant l'Enfant Jésus ; au premier plan, deux anges ; derrière, un berger en prière. Au fond, un ange apparaît à des bergers ; à gauche, une ville.

B. — H., 0,85. L., 0,60.

IMPRIMERIES RÉUNIES, A, RUE MIGNON, 2, PARIS. — 576

www.ingramcontent.com/pod-product-compliance
Ingram Content Group UK Ltd.
Pitfield, Milton Keynes, MK11 3LW, UK
UKHW020528180726
13839UKWH00005B/2384

9 782329 533421